MADAME DE GIRARDIN

EN VENTE CHEZ LE MÊME LIBRAIRE

CONFESSIONS
DE MARION DELORME

PAR EUGÈNE DE MIRECOURT

60 livraisons à 25 centimes, avec gravures.
18 fr. l'ouvrage complet par la poste.

Paris. — Typ. de Gaittet et Cie, rue Gît-le-Cœur, 7.

M.ᵐᵉ DE GIRARDIN

LES CONTEMPORAINS

MADAME DE GIRARDIN

PAR

EUGÈNE DE MIRECOURT

PARIS
GUSTAVE HAVARD, ÉDITEUR
BOULEVARD DE SÉBASTOPOL
rive gauche
L'Auteur et l'Éditeur se réservent tous droits de reproduction
1858

AVANT-PROPOS.

Depuis le jour où nous avons écrit sur notre drapeau cette audacieuse devise : « Vérité quand même, vérité sur tous ! » nous sommes victime d'attaques sans nombre.

Encore si nos agresseurs venaient se placer devant nous sur le terrain loyal que nous choisissons, pour nous y combattre hardiment et bien en face.

Mais point.

Ils refusent d'accepter nos armes ; ils cherchent à se glisser par derrière, afin de pouvoir nous assommer sans risque ou nous égorger sans péril.

Ces nobles ennemis partagent tout à fait le sentiment de ce bon M. de Voltaire : « Mentez, mentez toujours, il en restera quelque chose ! »

Et la calomnie va, le diable, comme dit Figaro.

Nous sommes, à les entendre, un homme sans conscience et sans foi ; un piètre auteur ; dépourvu de bagage littéraire ; entièrement déshérité d'imagination et de verve, pauvre d'idées, pauvre d'esprit, pauvre de style. Partout, dans les cercles, dans les foyers de théâtre, dans les assemblées artistiques, dans les salons, dans les boudoirs, ils colportent ces gentillesses.

Or, trois cent mille de nos petits volumes sont entre les mains du public.

Et, comme le public est notre seul juge, nous laissons nos ennemis parfaitement libres de leur appréciation, en ce qui concerne l'esprit, le style et le talent.

Mais, pour ce qui est de la bonne foi,

de la conscience et de l'honneur, halte-là, messieurs les voltairiens!

Ici nous n'acceptons ni vos insinuations déloyales, ni vos lâchetés anonymes, et nous saurons bien vous forcer à quitter l'ombre, à montrer votre visage, à parler haut.

Jusqu'alors nous n'avons pu nous défendre qu'à des intervalles très-éloignés, et en dérobant quelques pages à ces notices déjà trop courtes.

Patience! vous nous trouverez bientôt devant vous, armé d'une plume quotidienne.

AVANT-PROPOS.

Avis aux Jeannots des *Débats* et aux Éthiopiens du *Mousquetaire !*

Il faut une bonne fois livrer bataille à tous ces héros du charlatanisme, à tous ces chevaliers du mensonge. Les avez-vous vus, les avez-vous entendus pendant ces derniers jours ? Nous étions prophète ; ils ont semé de fleurs la tombe de ce pauvre Gérard ; ils attendaient pour faire son éloge que le désespoir et la misère l'eussent conduit à la mort...

Gérard était une âme digne, un cœur plein de délicatesse et de fierté.

Toujours il repoussa l'argent que lui

glissaient dans la main ses amis heureux ; mais la pension d'homme de lettres qu'on ne lui a jamais offerte, il l'eût prise peut-être, — et qui l'a demandée pour lui ?

Personne.

Vous n'avez songé ni l'un ni l'autre à servir de tuteur à ce naïf enfant du rêve, qui s'en allait au hasard, sans souci des réalités de l'existence et sans chercher le pain de chaque jour.

Pour l'arrêter sur cette pente qui le menait à l'abîme, aucun de vous n'a su lui tendre un bras secourable.

Effrayés du résultat de votre égoïsme

AVANT-PROPOS.

vous avez parlé de prétendues ressources, de vie de bohème systématique ; vous avez essayé de faire croire à un crime.

Allons donc !

Gérard de Nerval s'est pendu, le 24 janvier dernier, à sept heures du matin, le jour même de l'anniversaire de la mort de Jenny Colon, comme l'affirme un journal que nous avons sous les yeux.

Donc il n'y a pas eu de crime.

Le hasard n'opère point de tels rapprochements.

Jenny Colon, — chacun peut le savoir, aujourd'hui que nous sommes en face de deux tombes, — était cette Adrienne tant aimée dont le souvenir ne quittait plus le cœur du poëte.

Il a dit à son âme d'aller la rejoindre. Et l'âme a laissé le corps en face d'un égout, rue de la Vieille-Lanterne, pour faire honte au siècle, pour faire honte aux hommes.

Eugène de Mirecourt.

MADAME DE GIRARDIN

Vous souvient-il de ces contes merveilleux de notre enfance, où l'on voyait les fées, assises autour d'un berceau, promettre à la jeune princesse qui venait de naître les qualités les plus rares de l'esprit et du cœur, et lui donner en partage fortune, mérite, grâce et beauté?

Madame de Girardin doit avoir eu pour

marraine toutes ces fées bienveillantes.

Elle est née, le...

Nous vous y prenons, indiscret lecteur! Vous voilà devant nous, la bouche béante et l'oreille au guet. Savez-vous à qui vous ressemblez, en demandant ainsi l'âge de tout le monde? A un employé de la mairie ou à un président de chambre.

Votre curiosité nous fatigue à la fin.

Seul vous êtes cause de tous les désagréments qui nous arrivent. Mademoiselle Déjazet ne nous pardonne pas d'avoir dit son âge. Madame George Sand, envers laquelle nous avons eu le même tort, a trouvé notre faute si peu digne d'excuse, qu'elle s'est donné un an de plus, tout exprès pour nous convaincre de mensonge.

Une femme ! Jugez de sa colère !

Les hommes ne sont pas moins irrités, croyez-le bien, lorsque vous nous obligez à dérouler sous vos yeux leur acte de naissance. Paul de Kock jette feu et flammes. Il jure qu'il a trente ans, et qu'il peut en donner la preuve. Théophile Gautier proteste à son tour et déclare qu'il a écrit *Mademoiselle de Maupin* sur les genoux de sa nourrice.

Voyez où tout cela nous mène !

Pour cette fois, nous nous révoltons sérieusement contre l'état civil, et nous refusons d'écouter ses révélations perfides.

Allez vous promener avec vos poudreux registres !

L'âge d'une femme est sur son visage,

dans ses yeux, dans son sourire, — et le sourire, les yeux, le visage de madame de Girardin ont vingt-cinq ans.

Si les faits et les dates semblent nous démentir dans le cours de cette notice, n'y prenez pas garde:

Avant d'unir ses destins à ceux du trop célèbre publiciste dont la biographie nous a causé tant de déboires, notre héroïne était déjà connue de la France entière.

Les pures et suaves poésies de mademoiselle Delphine Gay descendaient du Parnasse en ruisseaux de miel.

On allait cueillir des branches de laurier sur la tombe de Sapho pour en couronner le front de la jeune Française, qui recevait, elle aussi, le nom de *dixième muse*.

Fille d'une mère poëte, elle fut bercée par le rhythme et apprit, tout enfant, à faire vibrer les cordes de la lyre.

Madame Sophie Gay était une demoiselle Lavalette.

Mariée au receveur général de l'ancien département de la Rhur[1], elle le suivit dans sa résidence, et en eut cinq enfants[2].

---

[1] Rivière des États prussiens (province Rhénane). Aix-la-Chapelle était le chef-lieu de ce département.

[2] Un fils, mort en Algérie, à la suite d'une blessure reçue au siége de Constantine, et quatre filles. La première est mariée au comte O'Donnell, et la seconde à M. de Canclos; la troisième, après avoir fait une éducation en Angleterre, est revenue en France fonder un pensionnat. Delphine est la plus jeune. On nous affirme qu'elle a été baptisée à Aix-la-Chapelle sur le tombeau de Charlemagne.

Spirituelle jusqu'au bout des ongles, le sachant trop, et tenant par malheur à en donner perpétuellement la preuve, madame Gay sacrifia plus d'une fois à sa verve maligne ses amis et ses intérêts.

Ayant, un certain soir, décoché contre le préfet de la Rhur et sa digne épouse, nombre de traits satiriques, elle amusa fort le salon où elle se trouvait.

Mais le magistrat tourné en ridicule apprit, le lendemain, tous ces beaux coups de langue, et le télégraphe, jouant aussitôt par un ciel sans nuage, rapporta de Paris, en moins de deux heures, la révocation de M. Gay.

Deux ou trois bons mots de sa compagne lui faisaient perdre une recette de cent mille francs, année courante.

Les femmes d'esprit coûtent cher.

Toute la famille regagna la capitale. En vain madame Sophie Gay tâcha de réparer sa faute, en essayant d'obtenir pour son époux une place analogue à celle qu'on venait de lui reprendre, le ministre des finances ferma l'oreille et n'écouta point sa prière.

Furieuse, elle se jeta dans l'opposition.

Jadis, sous le Directoire, elle s'était liée fort intimement avec madame Tallien. Devenue princesse de Chimay, celle-ci faisait une guerre sourde à l'Empire, afin de se venger de Napoléon, qui refusait de l'admettre à sa cour.

La femme du receveur destitué prit

part aux manœuvres de son ancienne amie.

Elles applaudirent des deux mains à la chute du colosse, et on put les voir, en 1815, à la tête de ces Parisiennes coupables, qui se portèrent au-devant de Wellington, et lui offrirent des bouquets de violettes.

« — Mesdames, leur dit le noble lord, si les Français entraient à Londres, toutes les Anglaises seraient en deuil. »

La leçon était dure, mais nos porteuses de fleurs la méritaient complétement.

Restée veuve, et presque sans ressources, madame Sophie Gay chercha dans la littérature des moyens d'existence. Elle obtint un succès incontestable et fut bientôt en vogue.

Son cercle réunit les écrivains les plus distingués de la Restauration.

Chateaubriand [1], Jouy, Étienne, Alexandre Soumet, Amaury Duval, Baour-Lormian, Casimir Bonjour le fréquentaient d'une manière assidue; et M. Henri de Latouche y prenait les allures du maître de la maison.

Béranger, lorsqu'il n'était pas à la Force, rendait quelquefois visite au bas-bleu à la mode.

Carle et Horace Vernet, le baron Gros, le baron Gérard, Talma, le vieux

---

[1] Entre l'auteur des *Martyrs* et madame Sophie Gay, il y a une certaine histoire de *Verre d'eau*, que nos lecteurs peuvent demander à ceux qui la savent.

Fleury, mademoiselle Duchesnois et une foule d'autres célébrités des lettres, des arts et du théâtre, acceptaient les invitations de la reine du cercle[1].

On causait, on riait, on dansait; on jouait surtout, car la mère de la *dixième muse* était une joueuse émérite.

Seulement, lorsque la veine se montrait défavorable, elle offrait les cartes à ses amis d'une manière si vive, qu'ils reçurent parfois en plein visage une dame de pique ou un roi de carreau.

Le jeu fini, chacun lisait des vers.

Ce fut là que notre héroïne obtint ses premiers triomphes. Elle fut applaudie dans ses essais poétiques par toutes les

---

[1] Les assemblées littéraires de madame Ancelot ne vinrent qu'après celles de madame Sophie Gay.

illustrations du jour. Son talent précoce
et ses grâces naïves la rendaient l'idole
du cercle de sa mère.

A quatorze ans, Delphine [1] était ra-
dieuse de beauté.

Ses grands yeux bleus pleins de charme et de douceur, sa magnifique chevelure
blonde, son front large et pur, sa bouche mignonne, écrin précieux où s'ali-
gnaient des perles, sa peau d'une blan-
cheur de lait, tout se réunissait pour en
faire un prodige accompli.

Béranger disait qu'elle avait les épau-

[1] Certaines personnes, irrévocablement décidées à
nous trouver partout des torts, nous ont jeté le
blâme pour avoir, dans notre troisième petit volume,
appelé madame de Girardin *Delphine* tout court. Si
jamais ces personnes font l'histoire des femmes
poètes, elles écriront sans doute *mademoiselle Corinne ou madame Sapho*.

les d'une Vénus, et Chateaubriand lui trouvait le sourire d'un ange.

Les femmes, dont la mauvaise foi en matière plastique découvrirait mille imperfections dans les statues de Pradier, ne manqueront pas de vous dire à l'oreille que madame de Girardin ne quitte en aucune occasion son mantelet ou son écharpe, et qu'elle a fait venir la mode des robes longues ; mais un pied de Chinoise, une taille de guêpe seront toujours, à notre avis, quelque chose d'analogue à une difformité.

En 1822, nous voyons Delphine envoyer pour la première fois des vers à l'Académie.

C'était un éloge du dévouement sublime des sœurs de Sainte-Camille et des médecins français dans la peste de Barcelone. La pièce portait le n° 113, et le secrétaire perpétuel déclara, dans son rapport du 24 août, que, « si l'auteur n'avait donné pour excuse et son sexe et son jeune âge, l'Académie, à la perfection et au charme des vers, aurait pu considérer l'œuvre comme émanée d'un talent exercé dans les secrets du style et de la poésie. »

Delphine n'avait pas traité le sujet tout entier.

Par cela même elle se trouvait en dehors du concours; mais on la jugea digne d'un prix spécial, et la couronne académique ceignit son front.

A Paris, une jolie femme sans fortune devient presque toujours le point de mire de ces aimables intrigants qui briguent, au palais des rois, le titre de courtiers d'amour.

Charles X venait de monter sur le trône.

On lui cherchait une favorite, et nous ne savons plus quel Mercure des Tuileries s'avisa de songer à mademoiselle Gay pour tenir ce bel emploi.

Ni Delphine ni sa mère n'étaient évidemment informées de ces manœuvres de cour. On engagea la jeune fille à rimer sur madame de La Vallière une élégie, où l'on remarque ce passage :

Mais un espoir me reste en ma misère extrême :
Non, la postérité ne me confondra pas
Avec ces cœurs impurs qui, cédant sans combats,
N'adoraient dans Louis que le pouvoir suprême,
Puisqu'à force d'amour j'ai retrouvé l'honneur.

Et que son épouse elle-même
M'avait pardonné mon bonheur.

La pièce fut apportée à Charles X, qui feignit d'accorder son assentiment aux intrigues du Mercure, et voulut bien se laisser présenter la jeune muse.

« — Mademoiselle, lui dit-il, vous avez un véritable talent poétique. Dès aujourd'hui, je vous fais une pension de cinq cents écus sur ma cassette. Cherchez, croyez-moi, des inspirations dans les voyages. Il y a pour vous à Paris plus de dangers qu'on ne semble le prévoir. »

Et le roi passa.

Tous les plans de favoritisme venaient d'être déjoués par le monarque, de la façon la plus honnête et la plus inattendue.

Madame Sophie Gay partit avec sa fille pour voyager en Suisse et en Italie.

Elles firent une halte à Lyon, ainsi que le prouve ce passage d'une lettre qui nous est communiquée, passage trop flatteur pour que nous hésitions à le reproduire.

« Quand je l'ai vue pour la première fois, belle, imposante comme la Rachel de la Bible, elle était couverte de cheveux blonds retombant sur toutes ses roses, et semblait en être formée. Jamais rien de si éclatant n'est apparu dans une ville. Sa mère la conduisait alors en Italie et s'arrêtait quelques jours à Lyon. Mon mari, qui l'avait entrevue au balcon de l'hôtel, vint me chercher vite, vite, pour me faire voir, disait-il, ce que je ne verrais plus de ma vie. Il y avait là une foule qui passait et repassait émerveillée. Comme il faisait affreusement chaud, la jeune fille fut obligée de s'étouffer, en fermant ses fenêtres très-basses, et les curieux la regardaient encore au travers des vitres. J'appris dans le jour que c'était mademoiselle Delphine Gay, et je sus bientôt par moi-même qu'elle était bonne, vraie comme sa beauté. En l'examinant avec attention, on ne tombait que sur des perfections, dont l'une suffit à rendre aimable l'être qui la possède.

« Mme Desbordes-Valmore. »

Si l'on nous trouve indiscret de publier ces lignes, il faut nous excuser en faveur du sentiment d'admiration que nous inspire la signataire. Pour la première fois nous voyons une femme rendre aussi complétement justice au mérite et à la beauté d'une autre femme.

La renommée poétique de la jeune muse avait déjà franchi les Alpes.

On la reçut en Italie comme une autre Corinne.

Elle fut conduite en triomphe au Capitole, où elle récita des vers en présence d'une foule enthousiaste, et ce glorieux souvenir de sa vie de jeune fille doit lui faire encore aujourd'hui battre le cœur.

Pendant son séjour à Rome[1] elle écrivit le neuvième chant de *Magdeleine*. Depuis cinq ans elle travaillait à ce poème, qui est son œuvre la plus sérieuse. Il se distingue par l'élévation du sentiment chrétien qui l'a dicté. La grande figure du Christ et celle de Magdeleine pénitente sont admirablement rendues.

[1] Avril 1827.

A Naples, quelques semaines auparavant, elle avait écrit au pied du Vésuve le *Dernier jour de Pompéi*.

Jeune, divinement belle, adulée, flattée, comblée d'hommages, suivie par une multitude d'adorateurs, Delphine trouva sur sa route un opulent hyménée, qu'elle repoussa, parce qu'il eût fallu renoncer à la France.

Elle nous donne ce détail elle-même dans une de ses plus jolies pièces de vers, intitulée *le Retour*, et dédiée à sa sœur, la comtesse O'Donnell.

Mon pèlerinage est fini.
Je rapporte, ma sœur, de Rome antique et sainte,
L'albâtre d'un tombeau par les siècles jauni;

Des chapelets d'agate et d'hyacinthe,
Quelques vases d'argile, et du laurier béni.

. . . .

Je reviens dissiper le vain bruit qui t'alarme.
De ces beaux lieux, ma sœur, j'ai senti tout le charme ;
Mais loin de mon pays, sous les plus doux climats,
Un superbe lien ne m'enchaînera pas.
Non, l'accent étranger le plus tendre lui-même
Attristerait pour moi jusqu'au mot : Je vous aime.
  Un sort brillant, par l'exil acheté,
Comblerait mes désirs ! Ma sœur n'a pu le croire.
D'un plus noble destin mon orgueil est tenté :
  Un cœur qu'a fait battre la gloire
  Reste sourd à la vanité.
Ce bonheur dont l'espoir berça ma rêverie,
Nos rivages français pouvaient seuls me l'offrir.
J'ai besoin pour chanter du ciel de la patrie ;
C'est là qu'il faut aimer, c'est là qu'il faut mourir.

Son retour en France fut le signal d'une ovation plus glorieuse encore que celle qui l'avait accueillie à Rome.

Le baron Gros venait de terminer les fresques du Panthéon.

Conduite sous la coupole par le peintre lui-même, Delphine lut des vers à tout Paris aristocratique réuni dans la vaste enceinte. Des fleurs, des couronnes tombèrent à ses pieds sur l'estrade, et les voûtes retentirent de bravos unanimes.

Elle se crut un instant reine de France.

Cette époque de sa vie fut une joie perpétuelle, une fête poétique de chaque jour et de chaque heure. Le mariage seul devait lui faire connaître plus tard le chagrin et la prose.

Or, déclarons-le bien vite, afin de nous mettre en garde contre un nouveau procès, nous ne prétendons en aucune sorte que son mari l'ait rendue malheureuse.

Peste! n'interprétez point ainsi nos paroles.

Tous les souvenirs de Clichy sont là pour nous inviter à ne pas laisser le moindre nuage sur nos phrases. Nous voulons dire que M. de Girardin, par le fait même de la position qu'il avait prise dans les journaux, allait inquiéter plus d'une fois sa compagne et la faire pâlir devant son industrialisme audacieux, sa passion pour la lutte et ses articles querelleurs.

Mais, avant de conduire à l'autel Émile et la dixième muse, il faut que nous tancions vertement le *Bourgeois de Paris*, dont la plume insensée continue, malgré nos sages conseils, à griffer le sens commun, à torturer la période, à désespérer la langue.

Ce diable de docteur, qui l'a prié d'écrire ?
Il pensait que la France avait besoin de rire.

Au troisième volume de ses *Mémoires*, page 105, il parle de notre héroïne et dit :

« Mademoiselle Delphine Gay vivait en plein des succès de sa beauté. »

Que pensez-vous de la phrase et de l'idée scandaleuse qu'elle exprime ?

Selon toute apparence, l'ancien directeur de l'Opéra, métamorphosé en homme de lettres, n'a pas eu l'intention de dire ce qu'il dit ; ce serait trop impardonnable et trop odieux ; car les douces vertus de la jeune fille, son innocence, sa candeur, la mettaient à l'abri de tout soupçon de ce genre.

Alors quel sens attacher aux expressions de ce gros homme ? Nous l'ignorons ; mais il doit au plus vite effacer de son livre cette sottise.

Une suprême et dernière fois, nous l'exhortons à ne plus jouer avec les armes à feu du style.

Au commencement de 1830, les charmes vainqueurs de mademoiselle Delphine Gay attelaient à son char beaucoup plus de prétendants que Pénélope n'en eut jadis.

On avait les oreilles rebattues de leurs soupirs.

Cette volée de tourtereaux affligeait de sa présence tous les salons où paraissait Delphine, et, quand venait l'été, les plus hardis allaient s'abattre sous les ombrages de Villiers-sur-Orge, où madame Gay possédait une petite maison de campagne.

Presque toutes les poésies de Delphine, avant son mariage, sont datées de ce lieu de retraite [1]. Elle aimait la solitude et la paix des champs.

Se voyant en butte à une sorte de

[1] Ce fut là qu'elle écrivit le premier, le deuxième, le cinquième, le sixième et le huitième chant de *Magdeleine*, — *la Vision*, pièce légitimiste à l'occasion de l'avénement de Charles X, — *la Prise d'Alger*, — *les Serments*, etc. Publiés d'abord sous le titre d'*Essais poétiques* par Ambroise Tardieu et P. Dupont, les vers de madame de Girardin ont été réunis, vers 1842, en une seule édition Charpentier. Les morceaux les plus remarquables, outre ceux dont nous avons déjà parlé, sont : *la Confession d'Amélie*, fragment de l'épisode de *René*, — le poëme de *Napoline*, — les stances sur la mort du général Foy, — *la Quête au profit des Grecs*, — *la Jeune Fille enterrée aux Invalides*, — *la Tour du Prodige*, — *Ourika*, — *l'Hymne à sainte Geneviève*, — *la Druidesse*, dédiée à Horace Vernet, — *le Pécheur de Sorrente*, — *le Rêve d'une jeune fille*, etc.

course au clocher matrimoniale, elle prit la résolution de disperser d'un seul coup la troupe importune de ses admirateurs.

Rien n'était plus simple.

Elle choisit au milieu d'eux l'homme pour lequel son cœur éprouvait le plus de sympathie, et manifesta sa préférence devant tous les autres, qui disparurent en un clin d'œil.

Le baron de La Grange fut l'heureux personnage auquel ils se virent obligés de céder la place.

Delphine et lui échangèrent l'anneau des fiançailles.

Or, tout à coup, sans prélude, sans que rien annonçât une détermination aussi brusque; le baron discontinua ses visites, et tout fut rompu.

M. de La Grange adorait la fille, mais le caractère de madame Sophie Gay lui inspirait des craintes.

Celle-ci avait trop coudoyé le Directoire.

De folles allures, qui eussent autrefois semblé charmantes, au bon temps de mademoiselle Cabarrus et de la comtesse Merlin, blessaient le rigorisme et la dignité des cercles légitimistes.

A une soirée chez le peintre Gérard, deux cents personnes tombèrent positivement des nues, en apercevant une dame qui se précipitait dans le salon, avec toutes sortes de chassés-croisés et de pas de gavotte.

Elle chantait, en dansant, les paroles suivantes, sur un air très-connu :

>J'entre en train,
>Quand il entre en train,
>J'entre en train, quand il entre !

C'était madame Sophie Gay, dont les domestiques venaient de jeter le nom à la foule.

M. de La Grange recula devant des façons d'être que La Réveillère, Barras et Roger-Ducos eussent trouvées fort à leur goût.

Le baron parti, M. de Girardin, se présenta.

Il fut agréé par Delphine, et la jeune muse répondit à toutes les observations qu'on ne manqua pas de lui faire sur la naissance et sur le reste :

« — Qu'importe ? C'est un homme de volonté ferme, un caractère énergique. Il saura conquérir la fortune. »

On les maria dans le courant de l'année 1831, et nous n'avons plus à nous occuper ici de certains détails racontés ailleurs.

Émile n'était que médiocrement riche alors, ce qui ne l'empêcha point d'acheter un magnifique hôtel, rue Saint-Georges, pour y recevoir sa jeune femme.

Dans les premiers jours du mariage, M. de Girardin père rendit visite à la nouvelle épouse.

Voyant un logis quasi princier, des salons encombrés de meubles de Boule, avec des tableaux magnifiques et des tentures en damas de soie; le grand veneur fit une grimace significative.

— Mon Dieu, balbutia Delphine, honteuse de tant de luxe, Émile a voulu ces choses ; je ne les ai pas demandées; je vous le jure. De pareilles frivolités n'ajoutent rien au bonheur. Émile et une mansarde, cela me suffisait.

— Une mansarde? dit M. de Girardin père, qui s'en alla grondant : ça viendra, madame, ça viendra !

C'est une nature de vieux soldat légèrement brutale, très-naïve et sans beaucoup de tact ni de raison. Quand son fils remporte quelque victoire de journalisme, il s'écrie :

« — Quel gaillard ! il ira loin, c'est moi qui vous le jure ! »

En revanche si Émile échoue dans une entreprise, il hausse les épaules et murmure d'un air dédaigneux :

« — Tête folle ! point de cervelle ! Je soutiens qu'il finira mal. »

Dans les jours de fortune et de chance, on ne rencontre que le grand veneur à la maison. Survient-il une déconfiture, il s'éclipse comme une ombre et ne reparaît plus.

Le talent de mademoiselle Delphine Gay, si remarquable, avant son mariage, par un cachet de sensibilité naïve et de candeur séraphique, sembla perdre tout à coup ces qualités précieuses le jour où elle reçut le nom de madame de Girardin. Nous ne savons ni pourquoi ni comment, si ce n'est peut-être que le journaliste déteignit sur la muse et que la colombe prit quelque chose du vautour.

On s'étonne de retrouver Delphine railleuse, mordante, presque agressive.

Dans le poëme de *Napoline*[1], elle rit de la perruque de son vieux maître d'écriture, et traite fort irrespectueusement le roi Louis-Philippe.

Un monarque absolu, je comprends qu'on l'encense,
Au moins ce qu'on adore en lui c'est... puissance.
Il peut nous exiler selon son bon plaisir
Repousser ou combler notre plus cher désir,
Nous dégrader ou bien nous admettre à sa table,
Nous faire pendre ou bien nous faire connétable.

[1] Ce poëme est l'histoire d'une fille naturelle de Napoléon 1er, amie de madame de Girardin, et qui s'est tuée par désespoir d'amour.

Mais qu'on adore un roi Cons-ti-tu-ti-on-nel !
Mais pour un tiers de trône un amour éternel !
D'amour aimer le roi, la pairie et la chambre,
Quatre cents députés convoqués en novembre
Pour régner, et vouer un amour de roman
A ce trio royal qui fait cent lois par an...

Nous n'avons pas la force d'aller plus loin. Voyez-vous notre infortunée dixième muse atteinte de la maladie fatale du premier-Paris ? A-t-elle bien le courage de traduire en vers la prose, la vile prose de son époux ? Ose-t-elle mêler ainsi les flots d'or de l'Hippocrène à l'encre noire et bourbeuse de la presse politique ?

Ah ! Delphine ! Delphine ! et vos lauriers du Capitole !

C'est fort bien d'adorer votre mari. M. de Girardin, certes, mérite à tous égards une aussi vive tendresse. Loin de nous, la pensée dangereuse de vous infliger là-dessus le moindre blâme. Par exemple ! En fin de compte, néanmoins, il faut être juste, et vous appartenez à la France avant d'appartenir au journaliste. Rien ne vous oblige à suivre Émile dans les buissons où il se fourre, et où vous déchirez, pauvre muse, la blanche robe que vous ont donnée vos sœurs !

Voilà ce que nous aurions dit à madame de Girardin en 1832 et en 1833.

D'autres, à coup sûr, n'ont pas manqué de lui tenir ce langage ; mais les femmes de lettres ont la déplorable habitude, comme Delphine elle-même en fera l'aveu tout à l'heure, de n'être absolument qu'un reflet de l'homme qui a leur tendresse.

Heureusement le diable de l'agiotage et de la spéculation vint ressaisir Émile et l'emporter dans un tourbillon d'affaires plus ou moins scabreuses, mais toujours lucratives.

Madame de Girardin, ne subissant plus aussi directement l'influence de son époux, redevint elle-même, à la plus grande satisfaction des amis des lettres.

Les romans avaient alors beaucoup de vogue. Il en pleuvait de tous côtés.

Delphine s'était jadis essayée dans le genre, en publiant *le Lorgnon*, petite nouvelle assise sur une impossibilité, mais remplie d'observations fines et morales. Elle remania le sujet de cette première œuvre, lui prêta une forme plus fantastique encore, plus intéressante, et offrit au public ce livre délicieux qui s'intitule *la Canne de M. de Balzac.*

Son mari lui chercha noise, et la querella sur ce qu'il appelait sa rage d'écrire:

Mais, toujours heureusement pour les lecteurs, l'esprit de contradiction, qui caractérise, en ce monde, les femmes les plus douces et les plus soumises, décida madame de Girardin à composer deux romans nouveaux, *le Marquis de Pontangès* et *Marguerite.*

Le premier de ces livres fut acheté quinze cents francs par l'éditeur Dumont, du Palais-Royal.

Émile, instruit de ce marché de librairie, se hâta d'aller toucher la somme, en vertu du droit que le code civil donne au chef de la communauté. Madame de Girardin n'eut pas même l'agrément d'employer à sa toilette les bénéfices de sa plume.

Il espérait ainsi la dégoûter d'écrire.

Cela montre qu'on peut être de première force en industrialisme et n'avoir qu'une médiocre connaissance de la nature humaine.

Marguerite, à notre avis, est un chef-d'œuvre de sentiment et de vérité. La lutte de cette pauvre femme entre deux amours qui la tuent vous tient jusqu'au dernier chapitre sous le poids de l'angoisse.

Le Marquis de Pontanges a des qualités dramatiques moins puissantes; mais, en compensation; l'esprit y pétille d'un bout du volume à l'autre.

On trouve là une héroïne qui reste sage entre deux fous, et qui devient heureuse entre deux malheurs.

S'il arrive quelquefois à madame de Girardin de se montrer paradoxale, elle rachète ce défaut par une étude profonde et sentie du caractère de son sexe. Comme elle trace admirablement le portrait de ces créatures coquettes, mignonnes, délicates, élégantes, pleines de cœur, de dévouement, de caresse et d'amour! Il semble qu'elle regarde au fond de sa propre nature, pour y trouver la femme dans sa plus adorable expression, dans sa plus parfaite image.

Avant la mise en vente de ces derniers livres¹ ; *la Presse*, fondée par Émile, avait entamé déjà contre ses confrères en journalisme une croisade furieuse.

Le jour où l'on rapporta de Vincennes son mari blessé, Delphine, qu'on n'avait pas cru devoir prévenir de ce duel, se montra pleine de courage. Elle ne s'évanouit point, donna des ordres, appela un chirurgien, fit étendre de la paille dans la rue, et resta au chevet de son époux, jusqu'à l'heure où la blessure cessa d'offrir un danger sérieux.

On n'habitait plus l'élégant hôtel de la rue Saint-Georges. Les fonds ayant manqué à l'acquéreur, on avait dû le re-

---

¹ N'oublions pas de citer, au nombre des plus jolies nouvelles de madame de Girardin, celle qui a pour titre : *Il ne faut pas jouer avec la douleur*.

vendre, au plus grand scandale de M. de Girardin père, qui affirma très-nettement que monsieur son fils méritait un domicile à Charenton.

Le rédacteur en chef de *la Presse* et sa femme demeuraient alors rue Laffitte, dans un logement au rez-de-chaussée.

Dujarrier, copropriétaire du journal, occupait une moitié de ce logement. Lorsqu'il y avait du monde, on ouvrait la porte de communication.

Ce pauvre Dujarrier n'était plus alors chez lui.

Mais les époux Girardin avaient l'air, aux yeux de tous, de posséder un appartement immense, et l'orgueil était sauf.

Émile se chargeait de la rédaction politique. Son associé dirigeait la partie littéraire.

Nous ne savons plus quel auteur de romans entra un jour chez Dujarrier et lui offrit de broder deux volumes pleins d'intérêt, sur un canevas dont il lui fit lecture.

Ce canevas était curieux.

Le hasard l'a fait tomber entre nos mains, et peut-être nous saura-t-on gré de le reproduire, car il est l'histoire fidèle d'un événement connu de toute la société parisienne, événement dont il est inutile de citer la date. Chacun peut se la rappeler comme nous.

Donc, voici le canevas en question.

Vous aurez la complaisance d'y chercher seulement le fait pur et simple, sans vous inquiéter du style, que nous laisserons tel quel.

« X*** est un enfant du hasard et de l'amour, abandonné, marchant seul en ce monde, sans affection, sans soutien. — Cœur aigri, voyant partout des inimitiés, des embûches, n'ayant jamais aimé personne, et ne s'aimant pas lui-même. — Bile et fiel dans les artères au lieu de sang. — Taquin, haineux, prêt à la lutte, décidé à brûler le monde pour se faire cuire un œuf.

« Saisi dans toutes ses nuances, et bien développé, ce caractère ne manquera pas de ressort.

« Le héros du livre a juré de faire fortune. Il cherche à se donner par le mariage la considération que lui a refusée le baptême.

« Une jeune fille, poétique et rêveuse (nous la nommerons Louise) le remarque dans le monde. Elle prend tous ses défauts pour des qualités supérieures. — Haine et sourde rage se transforment à ses yeux en noble indignation ; — l'attaque brutale et systématique devient de l'héroïsme ; — ainsi du reste. Bref, elle en tombe éprise et lui accorde sa main.

« Le développement de ces deux caractères, les amours et le mariage composeront le premier volume.

« Dix-huit mois, deux ans se passent. Louise cherche à modeler ses goûts, ses impressions, son caractère sur la nature bizarre de cet homme. — Impossible. — La désillusion commence. — Dans l'hymen, la pauvre femme avait rêvé le bonheur intime, les joies mystérieuses du foyer, la pensée à deux, la fusion des âmes. — Rien de tout cela:

« X***, en l'épousant, n'a fait qu'une affaire.

« C'est un meuble qu'il a placé dans son logis; c'est une tenue qu'il se donne, c'est une première victoire sur le préjugé qui le gêne. Il n'est plus un aventurier. La lice lui est dorénavant ouverte. Sous un pan dérobé au manteau social, qui l'avait laissé à nu le jour de sa naissance il s'agite, il intrigue, il spécule. — On lui connaît de par la ville des passions à froid ; il a pour maîtresses des poupées politiques intelligentes qui le servent auprès des ministres, etc., etc.

« Désespoir de Louise. Elle apprend tout, elle se lamente, elle pleure. — « Sois coquette, lui disent ses amies ; il sera jaloux, tu le verras bientôt revenir. »

« Le conseil lui semble merveilleux.

« Mais, en approchant de la flamme, on se brûle ; en jouant à l'amour, on se passionne. La malheureuse femme se prend dans son piége.

« X*** a l'éveil. Il connaît l'amant de Louise ; c'est un jeune homme riche, noble et d'une distinction rare. — « Point d'éclat, se dit l'époux ; je perdrais, en un jour, et que j'ai conquis avec tant de peine. »

« Adolphe (c'est le nom de l'amant) devient son ami. On les rencontre ensemble, au spectacle, sur le boulevard, à la Bourse surtout. X*** le lance dans des spéculations superbes. En quelques mois Adolphe est ruiné.

« Perte à la hausse, perte à la baisse, épuisement complet du crédit.

« Louise essaie en vain de sauver le triste jeune homme. — Diamants, parures, tout est mis en gage; mais la dette ouvre un gouffre que nul sacrifice ne peut combler.

« Adolphe se donne la mort.

« Convenances, devoir, respect humain; rien n'arrête Louise. Elle s'échappe, elle court se précipiter sur le cadavre de son amant.

« X*** arrive aussi vite. Il était sur ses traces.

« — Oh! dit Louise, vous êtes un infâme! C'est vous qui l'avez tué!

« — Je n'en disconviens pas, répond-il avec calme. Ceci m'a paru préférable à un duel où le mari peut recevoir deux blessures, celle d'une balle et celle du ridicule. J'étais dans mon droit, vous n'êtes pas dans le vôtre. Ayez des amants, vivons séparés sous le même toit; mais épargnez les risées du monde à l'homme qu'il vous plaît de trahir. Je ne combats qu'au dehors, madame. Paix à tout prix dans l'intérieur. »

« Il la força de le suivre.

« Une calèche était à la porte. Tout Paris, vingt minutes après, put les voir ensemble au bois de Boulogne. »

Dujarrier trouva ce sujet de roman très-acceptable, comme étude de mœurs vivantes, et le communiqua, le jour même, à son associé, dont il voulait prendre conseil avant de traiter avec l'auteur.

M. de Girardin déclara que de telles invraisemblances ne paraîtraient jamais dans son journal.

Dès la fondation de *la Presse*, il révéla clairement, soit par ses actes, soit par ses discours, la pensée égoïste qui réglait sa conduite.

Cette feuille périodique était créée pour lui, rien que pour lui. La publicité du journal et son influence ne devaient pas servir à d'autres.

Un feuilleton par trop remarquable et par trop intéressant, publié dans *la Presse*, gênait Émile, le chagrinait, lui faisait craindre qu'on n'accordât plus à ses premiers-Paris toute l'attention dont ils étaient dignes.

Ainsi, rien ne lui causait plus d'impatience et de colère, que de voir sa femme, sous le pseudonyme du vicomte Charles de Launay, rédiger ces *Lettres parisiennes*, dévorées alors par des myriades de lecteurs, causeries aimables, pages charmantes, où l'esprit pétillait toujours, où la verve ne tarissait jamais.

Là-dessus M. de Girardin ne partageait point l'opinion générale

— Eh! madame, criait-il, ce que vous écrivez est absurde! Vous avez donc bien envie de faire parler de vous?

Fatiguée des scènes, Delphine jetait la plume.

Mais Dujarrier la ramassait toujours et la lui remettait entre les mains.

Il fit décider, dans une réunion des actionnaires, que chaque lettre du spirituel vicomte serait payée cinq cents francs.

Delphine commença le 28 septembre 1836, environ trois mois après la naissance du journal, cette piquante revue parisienne, et la continua jusqu'au 3 septembre 1848 [1].

[1] Les lettres réunies forment deux volumes; l'un publié par Charpentier, contenant l'histoire des an-

Bien certainement, dans un siècle d'ici, tous les écrivains auxquels il plaira de peindre l'époque actuelle, n'auront pas un recueil plus sûr, pour se mettre au courant des mœurs, des habitudes et du langage. Ils trouveront là mille indiscrétions naïves, mille peintures de caractère, tantôt folâtres, tantôt sérieuses, mille études entièrement vraies, mille petits détails précieux, au moyen desquels ils recomposeront aisément dans son ensemble la société de nos jours.

ées 1836, 1837, 1838 et 1839, — et l'autre, édité par Michel Lévy, sous ce titre : *le Vicomte de Launay*. L'histoire contemporaine y suit son cours, de 1840 à 1848. Michel Lévy a réimprimé le roman du *Marquis de Pontanges* et un volume de nouvelles. Il est, en outre, l'éditeur de toutes les pièces de théâtre de madame de Girardin, à l'exception de *Judith*, publiée chez Tresse.

Madame de Girardin parle de tout avec élégance et distinction.

Tour à tour elle nous entretient de Longchamp ou d'une messe à Saint-Roch, du duc de Bordeaux ou de M. Guizot, de la semaine sainte ou du bal Musard, du faubourg Saint-Germain ou de la haute banque, de Frédérick Lemaître ou de l'abbé de Ravignan, des gens de lettres ou des bourgeois, de la Chambre ou du théâtre, des chevaux de fiacre ou des chasses à courre, de l'éléphant de la Bastille ou du roi constitutionnel.

Ses plaisanteries n'ont pas d'aigreur, sa malice est innocente. Elle critique à la fois les chapeaux de ces dames et la politique des ministres.

Rarement on a vu plus divine et plus gentille causeuse.

Voulez-vous quelques échantillons de son savoir-faire? Ouvrons le livre et prenons au hasard, il y a de l'esprit partout.

« Les Anglais admirent les statues des Tuileries; mais, comme nous, ils s'étonnent du peu de soin qu'on prend pour les entretenir. Le roi qui emploie, dit-on, tant d'argent à faire mutiler ses orangers, pourrait bien en consacrer la moitié à faire débarbouiller ses dieux. Phaétuse est déjà si noire qu'on ne sait si elle est changée en négresse ou en peuplier; Vénus a beau se laver les pieds depuis trente ou quarante ans, il n'y paraît pas; quant à Thémistocle, vainqueur de Salamine, et à Scipion l'Africain, vainqueur de Zama, nous les dénonçons à M. le maréchal commandant de la garde nationale : leurs buffleteries sont dans le plus mauvais état. »

Les travers, les ridicules, les sottises de son siècle, rien ne lui échappe. Elle brode chacun de ses feuilletons de traits pleins de finesse et d'anecdotes charmantes.

« Comment passez-vous votre temps ? Vous amusez-vous dans ce vilain monde ? — Mais oui, je me suis fait une existence à part ; je vogue dans un esquif avec des gens d'esprit sur un océan d'imbéciles. — Prenez garde ! les tempêtes d'imbéciles sont dangereuses ! »

Et comme elle parle modes! comme c'est coquet! comme c'est gracieux! comme toutes ces futilités se poétisent sous sa plume!

Au besoin vous la trouvez sérieuse, solennelle, exprimant de hardies et nobles pensées. Elle plaint tout haut Louis Bonaparte prisonnier à Strasbourg, ou s'incline sur la tombe du vieux roi Charles X, mort en exil.

Puis elle vous raconte l'histoire d'une lecture de tragédie, où tout le monde dort, excepté un sourd.

Ou bien elle vous prouve catégoriquement qu'en France on aime M. Thiers, parce qu'il est mal fait, mal né et mal élevé.

Si vous lui demandez pourquoi les

femmes ne sont pas de l'Académie, elle vous répondra :

« Parce que les Français sont envieux des Françaises, et ils ont raison. Un Italien a plus d'esprit qu'une Italienne, un Espagnol a plus d'esprit qu'une Espagnole, un Russe a plus d'esprit qu'une Russe ; mais une Française a plus d'esprit qu'un Français. »

Voilà, certes, une grande vérité, madame, et nous vous croyons sur parole. Il suffit, du reste, de parcourir les *Lettres parisiennes* pour en avoir la preuve.

Jamais un mot sceptique, jamais une phrase impie n'arrivent sous la plume de notre héroïne.

Elle se montre fidèle croyante et chrétienne sincère.

« Oh ! qu'elle est généreuse cette religion qui, d'un sacrifice, nous fait une espérance ; qui nous montre toujours après la nuit, et même à cause de la nuit, un beau jour ; qui nous promet le bonheur comme une conséquence des larmes ; qui nous fait d'un revers un gage de triomphe, et nous dit : Souffrir c'est mériter ! »

Madame de Girardin n'a point de parti pris en littérature. Le goût chez elle passe avant le système.

On la voit rendre également justice à Balzac et à Paul de Kock, à madame

Ancelot et à Victor Hugo, à M. Empis et à George Sand.

Nous trouvons au sujet de cette dernière une appréciation dont la justesse nous frappe.

Delphine prouve avec une logique désespérante que madame Sand a toujours été en quelque sorte le décalque des personnages qui se trouvaient en possession de son cœur, où, si vous le préférez, l'écho sonore et harmonieux d'une pensée qui d'abord n'était point la sienne, et que lui suggérait l'ami du jour.

« L'histoire de ses affections, dit notre spirituel vicomte, est tout entière dans le catalogue de ses œuvres.

« Jadis elle rencontra un homme distingué, élégant et froid, égoïste et gracieux, un ingrat, de bonne compagnie, ce qu'on appelle un homme du monde, et M. de Ramière (un des héros d'*Indiana*) vit le jour.

« Plus tard, un jeune homme d'une condition moins brillante, mais d'une bonne famille et doué d'un admirable talent, est présenté à George Sand, et bientôt ses lecteurs enchantés apprennent que *Valentine* a donné sa vie à Bénédict.

« A l'horizon apparaît un poëte, et soudain George Sand a révélé *Stenio*.

« Un avocat se fait entendre, George Sand se montre au barreau, et *Simon* obtient la main de Fiamma pour prix de son éloquence ¹.

« Enfin George Sand rencontre sur sa route un saint pasteur, et voilà que les idées pieuses refleurissent dans son âme. Cette sainte métamorphose étant due aux *Paroles d'un croyant*, déjà le héros du nouveau roman est un vénérable curé.

« Vous le voyez, chacun de ces livres admirables porte l'empreinte de l'affection qui l'inspira, ce qui faisait dire l'autre jour à un mauvais plaisant : « C'est surtout à propos des ouvrages des femmes que l'on peut s'écrier avec M. de Buffon : « Le style c'est l'homme ! »

---

¹ Plus tard, madame de Girardin n'eût pas oublié le virtuose Listz et *les Sept Cordes de la lyre*.

Nous regrettons de ne pas citer tout le passage, mais nous en avons assez lu pour nous demander comment il est possible que George Sand n'ait pas écrit vingt lettres écrasantes à madame de Girardin.

Si nous avions eu l'audace de dire le quart de tout ceci, nous pauvre biographe, bien positivement, à l'heure qu'il est, nous n'existerions plus.

Mais l'auteur de *Valentine* témoigne aux personnes de son sexe une indulgence et des égards, dont elle déshérite le nôtre.

En feuilletant la *Correspondance parisienne*, nous arrivons à une époque terrible, où notre charmante conteuse, d'une malice jusque-là si douce et si délicate, se transforme brusquement et déploie une méchanceté notoire.

Ah ! c'est fâcheux à dire ! mais, après la révolution de février, votre mari, madame, a reconquis sur vous toute son influence. Le diable politique se reflète dans vos œuvres.

Des médisants affirment que vous teniez à être femme de ministre. Soit dit entre nous, ce bruit n'est pas dénué de vraisemblance.

Comme vous les traitez, hélas ! ces malheureux provisoires de 1848.

« Faire tirer le canon des Invalides chaque fois que M. Crémieux se dérange... Allons donc ! c'est se moquer d'un pays ! »

Comprend-on ces maroufles ? A-t-on

vu pareille outrecuidance et pareille sottise ?

« Ils se pavanent dans les hôtels des ministères avec le superbe entourage de leurs prédécesseurs ; ils ont des chaînes d'or, des laquais, des carrosses... »

Voyez les misérables !

Par malheur, M. de Girardin n'est pas ministre ; il n'a pas voix délibérative au conseil pour mettre un terme à tous ces désordres, pour rappeler le gouvernement au respect de lui-même, au mépris des richesses, à la moralité antique.

« Et le cabinet noir, contre lequel ils ont tant hurlé ! — eh bien, ils l'ont supprimé, de quoi vous plaignez-vous ! Il n'est plus noir; la blanche clarté du jour y pénètre librement à grands flots, et c'est à la face du soleil qu'on y viole tous vos secrets. »

Ceci est le maximum de l'abus de confiance; mais permettez, madame, vous en êtes un peu cause.

Les membres du gouvernement provisoire vous ont offert pour votre mari la poste aux lettres, et vous avez répondu sur un ton dédaigneux :

— Fi donc! Émile sera ministre ou il ne sera rien.

Sur quoi le gros Ledru vous répliqua brutalement :

— C'est convenu, il ne sera rien.

Là! que disions-nous tout à l'heure?

Émile, chargé de la direction des postes, n'aurait jamais souffert qu'on décachetât les lettres avec ce sans-gêne insolent. Sous ses yeux, madame, tout se serait passé de la façon la plus digne et la plus honnête.

Ce n'est pas lui qui eût employé, pour obtenir de l'argent, les moyens honteux que ces faquins ont mis en œuvre.

« Un beau jour on a vu... à ce souvenir nous rougissons encore... on a vu le noble peuple de France traverser solennellement la capitale, promenant une grosse caisse à argent sur les boulevards, tendre aux passants des corbeilles d'osier ornées de rubans tricolores, et demander l'aumône pour le gouvernement provisoire !... Et ils ont appelé cela, le lendemain, dans leurs journaux, une superbe manifestation !... Oh ! les malheureux !... déshonorer ainsi une grande nation !... On leur confie un peuple de héros, ils en font un peuple de mendiants !

« Mais connais-les donc enfin, ô peuple ! Leur imposture tout entière est écrite dans l'union monstrueuse de ces deux mots : ils t'ont fait MENDIER, et ils t'appellent le peuple ROI !

« Dérision cruelle, impudente ! Tu mourais de faim, disaient-ils, et c'est au nom de ta faim qu'ils mangent le gibier qu'ils te font courir. Va donc, brave meute ! Courage. Tayaut ! tayaut ! rapporte le gibier de messeigneurs, ils l'aiment à la folie. Comment donc ! ce sont des gastronomes consommés ; ils ont inventé un mets exquis, d'une délicatesse inconnue : les filets de chevreuil au coulis d'ananas !... »

Qu'en dites-vous ? Ceci est de la vraie colère et de la haine à trente-six carats.

Nous ne vous reconnaissons plus, madame.

Il est impossible que la dixième muse, que la Delphine du Panthéon et du Capitole se soit ainsi changée, du jour au lendemain, en harpie politique. Vous n'avez point écrit ces lignes, ou pour le moins on vous les a dictées.

Dans sa rage de ne pouvoir être ministre, votre cher époux vous aura fait signer quelques-uns de ses articles, et tout s'explique ainsi.

Vous n'êtes pas coupable ; n'en parlons plus.

Revenons à celles de vos œuvres où la collaboration conjugale ne s'est point glissée. Là, du moins, vous ne mériterez jamais le blâme, et vous serez certaine d'obtenir souvent nos louanges.

Madame de Girardin travaille pour le théâtre depuis 1839.

Sa première pièce, *l'École des journalistes*, reçue à l'unanimité par le Théâtre-Français, eut le malheur de déplaire à la censure, qui n'en autorisa pas la représentation.

Ce fut grand dommage, car jamais satire plus virulente n'aurait cinglé de son fouet vengeur le visage de messieurs les critiques.

Nous aurions lu avec plaisir le compte-rendu qu'en eût fait ce bon M. Janin.

Dans cette comédie, mademoiselle Mars avait un rôle. La grande actrice se montrait fort assidue au cercle de la rue Laffitte.

Bientôt Rachel, dont les débuts à la Comédie-Française jetaient Paris tout entier dans l'enthousiasme, vint elle-même illustrer par sa présence le salon de madame de Girardin. Celle-ci se lia très-intimement avec la jeune tragédienne et consacra, dès lors, sa plume à écrire des rôles pour sa nouvelle amie.

Judith, tragédie en trois actes et en vers, fut représentée le 24 avril 1843.

C'était un sujet malheureux, presque impossible à la scène. Obligée de tourner l'obstacle et d'atténuer par les convenances dramatiques le caractère un peu sauvage de la fille de Béthulie, madame de Girardin ne put offrir au parterre qu'une Judith anodine, très-irrésolue en face d'Holopherne, et se décidait avec infiniment de peine à lui couper le cou.

Une versification soutenue, pleine de majesté et de grandeur, ne put racheter qu'à demi les inévitables défauts du plan.

Cléopâtre, jouée en 1847, obtint meilleur accueil.

Toutefois, l'auteur parut comprendre que le cothurne n'allait point aux allures de son génie, plus doux que terrible, plus gracieux que puissant. Un proverbe plein d'esprit et de finesse [1] signala son retour à un genre moins solennel. Ce proverbe servit de prélude à deux magnifiques succès; *Lady Tartuffe* et *la Joie fait peur*, qui placent aujourd'hui madame de Girardin à la tête du répertoire moderne.

Au Gymnase, *le Chapeau de l'horloger*, délicieux éclat de rire en un acte, prouve qu'elle possède aussi complétement le don de la joie que le don des larmes.

Exquise sensibilité, verve comique,

[1] Il avait pour titre : *C'est la faute du mari.*

délicatesse merveilleuse de touche, goût parfait, ce sont là des qualités avec lesquelles on est sûr de ne jamais échouer au théâtre; et madame de Girardin les a conquises.

On assure qu'elle travaille, en ce moment, à une nouvelle pièce en cinq actes, dont le principal rôle est écrit pour Hermione.

Voici que nous arrivons aux dernières pages de notre étude biographique. Pourtant nous avons là, sous les yeux, nombre d'anecdotes fort intéressantes; qui brûlent de se glisser sous notre plume. Il est fâcheux qu'elles soient ainsi en retard.

Madame de Girardin n'a point d'enfants. Une seule fois, en 1832, elle eut une espérance de maternité ; sa grossesse n'ariva point à terme.

Un jour, elle vit entrer dans sa chambre Émile, conduisant un petit garçon qui marchait à peine.

Elle regarda l'enfant, elle regarda Girardin, comprit tout, et s'écria :

— Merci d'avoir eu confiance en moi, je lui tiendrai lieu de mère !

Cette promesse, elle l'a fidèlement exécutée. Delphine elle-même dirige les études de son fils d'adoption. Jamais il ne la quitte. Elle lui donne au logis toutes sortes de maîtres. A l'heure où nous écrivons, il a quatorze ans. Comme il prend goût au manège, elle vient de lui acheter un cheval avec les droits du *Chapeau de l'horloger.*

Depuis 1843, on n'habite plus l'appartement de la rue Laffitte.

On demeure à Chaillot dans une petite maison, construite sous l'Empire, et qui a la forme d'un temple grec.

Spéculateur intrépide, et sachant que les terrains du quartier tripleraient un jour de valeur, Émile fit à très-bas prix l'acquisition de cette villa, déclarant tout d'abord qu'il l'achetait pour la revendre, en sorte que, depuis douze ans, madame de Girardin loge en provisoire.

Elle habite le premier étage.

Quant à l'époux, il s'enferme au second, dans une espèce de rotonde, où Jean, vieux domestique, beaucoup plus dévoué à monsieur qu'à madame, a seul le droit de pénétrer et d'introduire les visiteurs.

Les deux salons de réception se trouvent au rez-de-chaussée.

Toujours par mesure provisoire, on les a garnis de meubles mesquins, et les tentures sont en perse; mais l'absence de luxe n'empêche pas la société la plus choisie et les personnages de la plus haute distinction de s'y donner rendez-vous.

La reine du cercle a su réunir autour d'elle l'aristocratie des lettres et l'aristocratie de la naissance.

Elle a pour le faubourg Saint-Germain des cajoleries toutes particulières. Lorsque marquises ou duchesses viennent à ses réunions, elle ne manque jamais, à leur départ, de les reconduire jusqu'à la porte, ce qu'elle ne fait ordinairement pour personne.

Le duc de Doudauville, le baron Rothschild, Lamartine, Méry, Théophile Gautier continuent d'être les fidèles de madame de Girardin. La place de Victor Hugo reste vide, ainsi que celle de Charles Hugo, son fils, l'un des plus chers favoris de la maison.

De son vivant, Balzac se montrait fort assidu.

Ami intime de Delphine, il détestait

cordialement Émile, qui lui jouait dans *la Presse* quantité de méchants tours au sujet de ses feuilletons-romans.

Le cercle de madame de Girardin s'ouvre tous les soirs, et tous les soirs il se remplit des notoriétés parisiennes les plus remarquables.

M. de Girardin, comme nous l'avons dit ailleurs, ne s'y montre guère. Personne ne l'y réclame.

Il déjeune, le matin, dans sa rotonde, sort à midi, ne rentre que fort rarement à l'heure du dîner, et sa femme ne le voit que dans les circonstances périlleuses, où elle trouve toujours occasion de se dévouer pour lui.

Quand les agents du dictateur Cavaignac, vinrent arrêter Émile à la maison de la rue de Chaillot, il se crut perdu.

— Bien certainement, pensa-t-il, on va me fusiller.

Le commissaire lui accorda vingt minutes, pour mettre ordre à quelques intérêts, ou écrire quelques lettres.

Émile se précipita vers son bureau.

Il se hâta de tracer son nom sur une multitude de carrés de papier, qu'il fourra dans sa poche; puis il descendit chez sa femme.

— On m'arrête, lui dit-il. J'ignore le destin qu'ils me réservent; mais j'ai là beaucoup de petits papiers, sur lesquels se trouve écrit mon nom ; je les sèmerai le long de la route. Mets tous les gens de *la Presse* en campagne. Peut-être parviendra-t-on de la sorte à savoir où ils vont me conduire.

On le fit monter en voiture, et il jeta ses morceaux de papier un à un par la portière, plein de confiance en cette manœuvre naïve, imitée du Petit Poucet.

Madame de Girardin ne crut pas devoir perdre un temps précieux à chercher la trace de son époux, de rue en rue, et de carrefour en carrefour. Elle alla droit chez le général Cavaignac, força les consignes de sa porte [1], et lui tint le hardi langage que chacun sait.

[1] Voir la biographie de M. de Girardin.

Du reste les pressentiments d'Émile étaient faux; la dictature ne songeait point à lui loger des balles dans le crâne.

Sain et sauf, après tant d'orages politiques, M. de Girardin surveille aujourd'hui la cuisine des dîners de l'Exposition.

Quant à la dixième muse, elle ne songe plus à être femme de ministre, et se livre avec ardeur à ses chères occupations littéraires, qui lui donnent une illustration bien préférable, une gloire plus certaine.

Madame de Girardin travaille fort avant dans la nuit et se lève tard.

Casanière par goût, elle ne sort pas. Elle se tient au salon pendant la saison froide, et se réfugie, en été, sous une tente à l'algérienne, qu'elle a fait dresser au milieu de son jardin. C'est là qu'elle écrit ses beaux vers; c'est là qu'elle reçoit ses admirateurs, semblable à une reine d'Orient, dont la voix est toujours écoutée avec religion, dont chaque désir est un ordre, et qu'on est heureux d'enivrer d'encens, de combler de louanges.

A peine si nous avons dit un mot du caractère plein de grâce et de bonté, que tous les amis de la dixième muse se plaisent à lui reconnaître.

Pleinement autorisée à se croire d'une nature supérieure à beaucoup d'autres, elle ne se montre en aucune sorte orgueilleuse de son mérite.

Il semble qu'elle n'ait pas acquis son talent d'écrivain et de poëte, son esprit et son style avec plus d'effort que sa grande beauté.

Quelquefois, elle se montre piquante.

Comme sa mère, elle ne sait pas retenir un mot qui peut blesser l'amour-propre d'autrui.

Mais lorsqu'elle s'aperçoit du chagrin qu'elle cause, elle a dans ses excuses un charme si affectueux et verse avec tant d'empressement le baume sur la blessure, qu'on la remercie presque de l'avoir faite.

D'une coquetterie délicieuse, elle se met en frais pour tout le monde, pour les enfants, pour les vieillards, même pour les femmes.

Elle tient à être aimée; elle veut qu'on la trouve charmante, et rien n'est plus facile que de lui obéir sur ce point, car elle est bien évidemment une des plus spirituelles et des plus aimables femmes de son siècle.

Nous ne lui connaissons qu'un seul défaut.

— Bah ! dites-le, quel est-il ? va nous crier encore cet indiscret lecteur.

Eh bien, nous ne le cacherons pas, ce défaut c'est... son mari.

FIN.

M. de Lamartine doit
dîner chez moi Dimanche
prochain, il veut absolument
dîner avec vous, ~~rien ne~~
~~lui ferait plus de plaisir~~
Venez donc et soyez
aimable, il a mal à la
jambe, vous avez mal
au pied, vous vous soignerez
tous deux, mes vœux
sommeil (?) de coussins, de
tabourets. Venez, venez,
mille affectueux hommages
Lundi   Delphine Gay de Girardin

www.ingramcontent.com/pod-product-compliance
Lightning Source LLC
LaVergne TN
LVHW050638090426
835512LV00007B/917